글·그림 맥 판 하크동크
네덜란드의 그래픽 디자이너이자 삽화가로, 헤이그에 있는 왕립예술학교에서 공부했습니다. 학교를 다닐 때부터 동물들, 특히 펭귄과 고래를 소재로 재미있으면서도 교육적인 만화들을 그렸습니다. 현재 작가는 로테르담에 있는 블라이도르프 동물원의 삽화가로 일하고 있으며, 어린이들을 위한 책을 여러 권 출판했습니다. 그의 책에서는 주요 인물로 동물이 자주 등장합니다.

옮김 한도인
영문학자이자 대학교수입니다. 성균관대학교에서 셰익스피어에 관한 연구로 박사 학위를 받았고, 현재 단국대학교 교양학부에서 영어를 가르치고 있습니다. 매년 영어와 영문학 전반, 특히 셰익스피어에 관한 연구 논문을 발표하는 한편, 틈틈이 연극 감상평을 쓰기도 하고 학술 번역은 물론 아동 청소년 소설 번역도 열심히 하고 있습니다. 어린 시절을 작은 시골에서 보낸 기억을 어젯밤 꿈처럼 마음속 한켠에 두고 있는 옮긴이는 글쓰기와 그림 그리기를 좋아해서 언젠가는 그 기억을 글과 그림으로 풀어내고 싶어합니다. 그동안 《초록빛 도시를 만든 에코 생쥐 삼형제》, 《슈퍼 할머니와 방귀 콩 대작전》 등 아동 청소년 소설을 번역했습니다.

자연의 진짜 마술사

초판 1쇄 펴낸날 2020년 9월 5일
2판 1쇄 펴낸날 2025년 4월 20일

지은이·그린이 맥 판 하크동크 | **옮긴이** 한도인 | **펴낸이** 양승윤
펴낸곳 (주)와이엘씨 | **출판등록** 1987년 12월 8일 제1987-000005호
주소 서울특별시 강남구 강남대로 354 혜천빌딩 15층
전화 02-555-3200 | **팩스** 02-552-0436 | **홈페이지** www.aladinbook.co.kr

값 14,800원
ISBN 978-89-8401-398-8 74400 | 978-89-8401-399-5 (세트)

Wow! Ik kan toveren. Magische planten en dieren
by Mack van Gageldonk / First published in Belgium and the Netherlands
by Clavis Uitgeverij, Hasselt - Alkmaar - New York, 2018
© 2018 Clavis Uitgeverij, Hasselt - Alkmaar - New York.

Korean translation Copyright © 2020 YLC Inc.
Arranged through Icarias Agency, Seoul

이 책의 한국어판 저작권은 Icarias Agency 를 통해 Clavis Uitgeverij 과 독점 계약한 (주)와이엘씨에 있습니다.
저작권법에 의하여 한국 내에서 보호를 받는 저작물이므로 무단전재와 복제를 금합니다.

알라딘 북스는 (주)와이엘씨의 어린이 책 출판 브랜드입니다.

① 품명 : 자연의 진짜 마술사
② 제조자명 : 알라딘북스
③ 주소 : 서울시 강남구 강남대로 354
④ 연락처 : 02-555-3200
⑤ 제조년월 : 2025년 4월
⑥ 제조국 : 대한민국
⑦ 사용연령 : 6세 이상
⑧ 취급상 주의사항
 • 종이에 베이지 않도록 하세요.
 • 책의 모서리가 날카로우니 던지거나 떨어뜨려 다치지 않도록 주의하세요.
⑨ KC마크는 이 제품이 공통안전기준에 적합하였음을 의미합니다.

깜짝 놀랄 만한 동물과 식물의 세계

자연의 진짜 마술사

글·그림 맥 판 하크동크 | 옮김 한도인

자연에는 진짜 마술사가 있어요

여러분은 진짜 마술사를 만나 보고 싶지 않나요? 사물을 안 보이게 만들거나 자기 모습을 바꾸거나 또는 물 위를 걸어 다닐 수 있는 그런 마술사 말이에요.

물론 그런 마술사를 만나고 싶겠지요! 누구라도 그럴 거예요. 그런데 진짜 마술사들은 생각하는 것보다 훨씬 여러분 가까이에 있을지도 모릅니다. 주변의 나무들을 자세히 살펴보세요. 뭔가 다른 점이 있나요? 없다고요? 어쩌면 그것이 특별한 마술일지도 몰라요! 여러분은 평상시와 다른 것이 아무것도 없다고 생각하겠지만, 그 나무에는 아마도 뭔가 아주 특별한 일이 지금 일어나고 있을 거예요. 저 푸른 나뭇잎들 중 어떤 것은 잎사귀가 아닐 수도 있어요. 아주 작은 동물들이 나뭇잎으로 변신한 것일 수도 있어요. 진짜 마술사처럼 말이에요……

자연에는 마술사와 똑같은 일을 하는 식물과 동물들이 굉장히 많이 있습니다. 불꽃을 만들어 낼 수도 있고 램프처럼 빛을 밝힐 수도 있습니다. 못 믿겠다고요? 그래요, 충분히 그럴 수 있어요. 거의 모든 사람들이 믿을 수 없다고 할 거예요. 하지만 그건 아직 이 책을 읽기 전이기 때문이지요……

나는 사라지는 굉장한 마술을 할 줄 알아요

카멜레온은 진짜 마술사입니다. 오른쪽에 있으니 한번 자세히 들여다볼까요? 정말 신기하게 생겼을 거예요. 그런데 그게 다가 아닙니다. 카멜레온은 정말 대단한 일을 할 수 있어요. 카멜레온은 마술 공처럼 몸 색깔을 바꿀 수 있습니다. 녹색이었다가 빨간색으로 다시 보라색으로 아니면 노란 점이 있는 옅은 빨간색으로 아니면 오렌지색 줄이 있거나 파란 무늬로……. 뭐든 말만 하세요!

만약에 여러분이 카멜레온처럼 몸의 색을 맘대로 바꾸는 마술사라면, 몸이 안 보이게 하는 마술을 사용할 수도 있습니다. 어떻게 하냐고요? 여러분 주위의 색과 같은 색으로 몸을 바꾸는 거예요. 그러면 아무도 여러분을 알아차릴 수 없겠지요. 카멜레온이 바로 그렇게 합니다. 카멜레온은 보통은 자기가 숨어 있는 곳의 나뭇잎과 같은 색을 띠고 있습니다. 하지만 그렇지 않을 때도 있어요. 나무들이 오렌지색 나뭇잎을 갖고 있지 않은데 카멜레온이 오렌지색으로 몸 색깔을 바꾸기도 합니다. 그럴 때는 뭔가 다른 이유가 있답니다. 카멜레온은 자기의 기분을 보여주기 위해서도 피부의 색을 사용합니다. 마음이 편안하면 녹색인 채로 있습니다. 그런데 만일 이 친구가 붉은색으로 변해 있는 것을 보게 되면, 그냥 지나가는 것이 나을 겁니다. 왜냐하면 그때는 카멜레온이 여러분에게 경고를 보내고 있는 거거든요. '나 지금 기분 안 좋거든.' 하고요.

나는 무지개만큼 여러 가지 색을 낼 수 있어요

어떻게 **카멜레온**은 몸 색깔을 바꾸는 걸까요? 바로 카멜레온의 피부에 답이 있습니다. 카멜레온의 피부에 있는 세포들은 색을 바꿀 수 있습니다. 세포들이 '무지개 속임수'라고 부르는 일을 하지요. 무지개는 빗방울이 백색의 태양 빛을 받아 그 빛을 여러 가지 색으로 나눌 때 보이지요. 카멜레온도 똑같이 합니다. 카멜레온은 이렇게 색을 바꾸는 마술 뿐 아니라 여러 종류의 무늬도 만들어 낼 수 있어요. 여기에 파란색 동그라미, 저기에 노란색 줄무늬, 이렇게 카멜레온은 태양 빛에서 나오는 모든 색깔로 몸에 그림을 그릴 수 있답니다!

나는 안 보이게 할 수 있어요

진정한 마술사는 자신을 안 보이게 만들 수 있죠. 그렇다면 **유리날개나비**는 정말로 마술사라고 부를 수 있습니다. 이름만 들어도 이 친구가 '유리로 만들어진 것처럼 보이나 봐.'라고 생각할 거예요. 최소한 날개들은 그렇습니다. 이 나비들은 유리창을 통해서 밖을 보는 것과 똑같이 투명한 날개를 가지고 있습니다. 그래서 여러분들은 그 나비가 있다는 것을 알아차리기 힘들지요.

나는 전혀 안 보이게 사라질 수 있어요

지금까지 만난 마술사들은 육지에서 살고 있었어요. 하지만 바다에서도 마술사를 만날 수 있습니다. 대표적으로 **문어**가 있습니다. 문어는 굉장한 '사라지기 기술'을 사용하지요. 이 친구는 자기 몸을 감추기 위해 먹물 구름을 뿜어낼 수 있을 뿐 아니라, 주변의 색에 몸의 색을 맞출 수 있기도 합니다. 또 **유리문어**는 완전히 투명해질 수 있다고 해요. 바로 이 점 때문에 유리문어는 자연이 낳은 가장 신비한 마술사라고 불립니다. 더 놀라운 일은 이 친구가 그런 마술을 부릴 때에는 주문을 외울 필요도 없다는 거예요!

카멜레온은 자기의 기분을 드러내기 위해서나 아니면 몸을 숨기기 위해서만 색을 바꾸는 것은 아닙니다. 카멜레온이 색깔로 마술을 부리는 데에는 좀 더 많은 이유들이 있습니다. 날씨가 더울 때에는 좀 더 옅은 색을 선택하지요. 그렇게 해서 체온을 낮출 수 있습니다. 암컷은 임신 중이면 그 사실을 몸의 색으로 드러냅니다. 그러면 수컷 카멜레온들은 자신들이 좀 더 조심해서 행동해야 한다는 사실을 알게 되지요.

나는 뒤로 날 수 있어요

벌새는 놀라운 생명체입니다. 이 새는 공중에서 움직이지 않고 가만히 있을 수 있습니다. 심지어 뒤로 날 수도 있지요! 게다가 수직으로 오르락내리락 할 수 있습니다. 마치 작은 헬리콥터처럼 말이지요. 벌새의 날갯짓은 너무 빨라서 거의 보이지 않습니다. 사람이 숨을 한 번 쉬는 사이에 벌새는 약 백 번 이상 날개를 펄럭입니다. 또, 벌새는 하늘에 떠 있는 동안, 길고 가는 부리로 꽃의 심장에 다가갈 수 있습니다. 바로 거기, 꽃 안쪽 깊은 곳에서 벌새는 맛있고 달콤한 꿀을 발견하지요. 벌새는 부리를 빨대 삼아 꽃의 꿀을 밀크셰이크처럼 쭉 빨아들입니다. 그런 다음 옆에 있는 꽃으로 가고, 또 다음 꽃으로 갑니다. 이렇게 해서 꿀벌과 마찬가지로, 벌새는 꽃들의 수정•을 돕지요. 이 때문에 꽃들은 벌새에게 아주 고마워합니다. 그래서 꽃들도 계속해서 달콤한 꿀로 새들을 행복하게 해 주지요.

• 암수의 생식 세포가 서로 합쳐져 하나가 되는 현상. 식물의 경우 암술머리에 묻은 꽃가루 속의 핵과 씨방 속의 밑씨가 합쳐지는 것을 말해요.

나는 빛으로 숲 전체를 밝혀요

캄캄한 숲속에서 운이 좋으면 반짝이는 빛을 볼 수 있습니다. 그 빛들은 불빛이 아니라 반딧불이랍니다. **반딧불이**는 개똥벌레라고도 부릅니다. 하지만 개똥은 아니에요. 곤충이지요. 날 수 있는 곤충, 바로 이 점이 우리를 혼란스럽게 합니다. 곤충인데 어떻게 빛을 낼까요? 이 친구는 배 아래쪽에 빛을 내는 특수한 세포가 있는데, 이 세포가 공기 중의 산소와 만나면 빛을 냅니다. 수컷 반딧불이는 종종 불빛 신호를 보내고 암컷 반딧불이가 대답해 주기를 기다립니다. 하지만 그런 일도 반딧불이의 종류에 따라 달라집니다. 어떤 때는 수컷만이, 어떤 때는 암컷만이 빛을 낼 수 있습니다. 또 어떤 때는 어린 반딧불이가 빛을 내기도 하는데, 그들은 빛을 내는 것으로 말을 걸 겁니다. '조심해요.'라고요. 반딧불이의 적들은 빛을 보면 겁을 먹고 달아납니다. 하지만 사람들은 달아나지 않죠. 우리는 이 작은 생명체들이 마술사처럼 아주 멋지다고 생각합니다.

나는 밤에 불을 밝혀요

길쭉한 기둥과 아름다운 모자를 가진 버섯은 정말 매력적입니다. 그중에는 마술을 부리는 버섯도 있습니다. 바로 **빛을 내는 버섯**이지요. 이 버섯들은 아프리카 해안에서 멀리 떨어진 섬인 마다가스카르에서 볼 수 있다고 합니다. 하지만 이 멋있는 버섯들을 보려고 그렇게 먼 곳까지 갈 필요는 없어요. 빛을 내는 버섯은 세계 여러 곳에 있으니까요. 바로 여러분이 사는 곳 근처에서도 이런 버섯을 볼 수 있습니다. 이 친구들이 빛을 내는 데는 이유가 있습니다. 과학자들은 이 버섯들이 빛을 내서 동물을 꾀어낸다고 생각합니다. 동물들이 빛을 보고 다가와 버섯과 닿으면 버섯의 홀씨가 돌아다니는 동물의 몸에 묻게 되고 그러면 버섯의 번식을 돕게 되거든요.

나는 깊은 바다를 비추어요

깊은 바다의 밑바닥은 완전히 깜깜합니다. 너무 깊어서 햇빛이 들어오지 못하기 때문이지요. 하지만 이런 어둠 속에서 어떤 때는 뭔가 깜빡이는 것을 볼 수 있습니다. 반짝반짝하고 빛나는 게 보이는 것이지요. 이건 바로 물고기나 **해파리**가 빛을 내는 겁니다. 왜 그러는 걸까요? 이 친구들은 빛으로 더 작은 물고기들을 꾀어내어 잡아먹습니다. 때로 그 빛은 더 큰 물고기들을 헷갈리게 만들기도 해서, 작은 물고기들이 피해 달아날 수 있게 해 줍니다.

나는 빛으로 물고기를 꾀어내요

말미잘은 식물처럼 보입니다. 하지만 사실은 독이 있는 촉수를 지닌 육식성 동물입니다. 이 촉수 속에 사는 물고기인 흰동가리는 말미잘과 함께 살 수 있는 방법을 잘 알고 있지만, 작은 물고기들은 잡아먹힐 수 있으니 조심해야 합니다. 물고기들을 꾀어내야 하므로, 말미잘은 매력적으로 보이려고 자기가 할 수 있는 일은 뭐든지 하거든요. 보통은 아주 밝은색을 띠는데, 어떤 종류의 말미잘은 빛을 내기도 합니다. 말미잘은 보기에는 아주 예쁘지만 작은 물고기들은 멀찍이 피해 가는 게 좋습니다.

• 하등 무척추동물의 몸 앞부분이나 입 주위에 있는 돌기 모양의 기관. 촉각, 미각 등의 감각 기관으로 다른 동물을 잡아먹는 기능을 가진 것도 있어요.

바다에는 큰 물고기들도 있지만, **플랑크톤** 같은 아주아주 작은 생물체도 있습니다. 몇몇 종류의 플랑크톤은 빛을 낼 수 있습니다. 보통은 파란색 빛을 내는데, 흰색이나 녹색을 띠기도 합니다. 작은 플랑크톤은 혼자일 때가 거의 없습니다. 이 친구들은 수백만이 무리를 지어 살고 있지요. 전부 함께 모여서 커다란 빛 무리를 이루기 때문에 이들이 모여 있으면 마치 파도에 맞춰 춤을 추는 것처럼 보입니다. 플랑크톤은 이렇게 빛을 내어 적들을 겁주고 쫓아냅니다. 그런데 플랑크톤을 먹으면 그 물고기도 빛을 낼 수 있어요.

나는 천 번째 생일을 맞이해요

나무는 아주 오랫동안 살 수 있습니다. 인간이 백 살이면 나이가 많은 것이지요. 하지만 나무에게 그 정도의 나이는 그렇게 많은 것이 아닙니다. 나무는 자라서 쉽사리 2백 살, 5백 살이 되기도 하고, 천 살까지도 삽니다. 나무의 몸통은 해마다 조금씩 크게 자라나서 새로운 나이테를 하나씩 만듭니다. 그래서 몸통 안에 있는 나이테의 숫자를 헤아려 보면, 나무의 나이를 알 수 있지요.

사람들은 고목, 그러니까 나이 많은 나무들이 신비한 힘을 가지고 있다고 생각합니다. 아시아에서는 그런 나무를 '신성한 존재'로 여기기도 합니다. 인도네시아의 섬 발리에서는 사람들이 신성시하는 나무 옆에 사원을 짓고 예배를 드리기도 합니다. 오른쪽에 보이는 나무는 여러 줄기가 뒤엉켜 얼마나 크게 자랐는지 사람들이 그 나무 사이를 통과할 수 있을 정도네요. 마치 문을 지나가는 것처럼 말이지요.

오래된 나무들은 대부분 아주 크고 힘이 세 보이지만, 가끔은 오랜 세월을 지나면서 힘이 빠진 나무들도 있습니다. 그런 나무는 몸통은 텅 빈 채 한두 개 남은 가지에 마지막 남은 잎사귀들이 아슬아슬하게 매달려 있지요. 최소한, 그렇게 보입니다. 하지만 땅속을 살펴보면 얘기가 다릅니다. 그 나무들의 뿌리는 훨씬 더 오래 살 수 있습니다. 스웨덴에는 만 살이 된 뿌리들도 있지요. 그 뿌리 윗부분에 있는 나무는 6백 살밖에 되지 않는데 말입니다. 어떤 나무가 죽더라도 오래된 뿌리에서는 새로운 나무가 자라난다고 해요. 미국에서도 위에서 자라고 있는 나무보다 더 오래 산 뿌리들이 발견됩니다. 이 뿌리들의 위치는 찾기 어렵게 숨어 있어서 그 누구도 이 놀라운 나무들의 성장을 방해할 수 없답니다.

우리는 2백 살까지 살 수 있어요

고래들은 대부분 사람만큼 오래 살아서 70살에서 90살까지 삽니다. 하지만 **북극고래**는 예외죠. 이 거대한 고래는 2백 살까지도 살 수 있다고 해요! 물속에는 나이가 많이 들 때까지 사는 동물들이 더 있습니다. 아름다운 색으로 사랑받는 **비단잉어**는 백 살은 거뜬히 사는데요, 어떤 종류는 2백 살 이상을 살기도 합니다. 가장 오래 산 비단잉어는 226살 생일을 보내고 난 후에 세상을 떠났지요. 그러니 만일 연못에서 비단잉어를 보게 되면, 그 잉어는 여러분의 할머니나 할아버지보다 훨씬 더 나이가 많을 가능성이 아주 큽니다.

나는 250살까지 살 수 있어요

거북이들은 느릿느릿 다닙니다. 어쩌면 그래서 그렇게까지 오래 사는 건지도 모릅니다. 평균 거북이는 백 살까지 삽니다. **자이언트거북이**는 훨씬 더 오래 살지요. 그 무거운 등껍질을 등에 이고 250년 이상을 걸어 다닌 거북이들도 있습니다. 여러분이 그렇게까지 기록을 내려면 아마 진짜 마술사가 되어야 할 거예요!

나는 훨씬 더 오래 살 수 있어요

보통의 **홍합**은 그렇게 오래 살지 않습니다. 기껏해야 30년에서 40년 살지요. 하지만 모든 홍합이 다 똑같지는 않습니다. 북극의 차가운 바닷물 아래에서 자라는 홍합은 좀 더 오래 삽니다. 4백 살까지도 산다고 해요! 그런데 4백 살이 가장 오래 산 기록이 아닙니다. 4백 살짜리 홍합은 507살의 장수 기록을 가진 홍합 앞에서는 공손하게 절을 올려야겠지요. 그런데 더 놀라운 일이 있어요. 이 장수 기록을 가진 홍합이 특별히 오래 산 한 마리에 불과한 것인지 아니면 그렇게 오래 사는 홍합이 더 많이 있는지는 아무도 모른다는 거예요.

위 그림에서 한가운데에 있는 **성게**는 2백 살까지 살 수 있습니다. 왼쪽에 보이는 식물인 **웰위치아**˙는 아프리카 서부 해안가에서 자라는데, 2천 살이라는 믿을 수 없는 나이까지 산답니다! 하지만 진짜 오래 사는 생물의 챔피언은 바로 오른쪽에 보이는 **작은보호탑해파리**입니다. 카리브해 근처에 사는 아주 작은 이 해파리는 스스로 다시 젊어질 수 있습니다. 처음에는 나이가 듭니다. 그러다가 어느 순간부터 다시 아기나 어린이로 돌아갑니다. 이런 마술을 쓰는 생물은 이 종이 유일하다고 알려져 있습니다. 사실상 이 해파리는 영원히 살 수 있는 거지요.

• 1800년대 아프리카에서 웰위치가 처음 발견한 희귀한 식물로, 살아있는 화석이라 불려요.

나는 한밤중이라도 다 볼 수 있어요

사람들은 이 친구를 거의 볼 수 없지만, 이 친구는 여러분을 볼 수 있습니다. 누구일까요? 바로 **흑표범**입니다. 흑표범은 어둠 속에서 사냥하는 것을 더 좋아합니다. 어두워지기 시작하면 흑표범은 눈을 크게 뜨고 귀를 쫑긋 세웁니다. 이 친구의 눈은 아주 잘 발달되어 있어서 어둠 속에서도 사람의 여섯 배에서 여덟 배 정도 더 잘 볼 수 있습니다. 그렇지만 흑표범의 눈에 먼 곳에 있는 사물은 좀 흐릿하게, 그리고 색깔도 덜 선명하게 보이지요. 하지만 어둠 속이라면 흑표범은 모든 것을 볼 수 있습니다. 이 친구는 보이지 않게 숨어서 사슴이나 토끼가 가까이 다가올 때까지 참을성 있게 기다립니다. 그런 다음 단 몇 번의 점프로 숨어 있던 곳에서 달려 나오지요. 그러면 사슴은 자신에게 무슨 일이 일어나고 있는지 알아차리기도 전에 잡히고 맙니다. 저녁을 먹고 난 후 흑표범은 아무도 모르게 조용히 숲속으로 다시 사라집니다.

나의 여행 안내자는 별이에요

새들은 믿을 수 없을 정도로 놀라운 일을 할 수 있습니다. 이 친구들은 언제나 자신의 집으로 가는 길을 찾는 방법을 알고 있지요. 여러분은 이렇게 생각하겠지요. '그게 뭐 그렇게 어려운가? 나도 그 정도는 할 수 있다고!' 하지만 여러분을 다른 나라에, 눈을 가린 채로 데려다 놓는다면 어떨지 상상해 보세요. 그때에도 할 수 있을까요? 아주 멀리 떨어진 나라에서 눈가리개를 벗고 나서, 그다음에 지도나 나침판도 없이 집으로 돌아오는 길을 찾아야 한다면 말입니다. 누구든 쉽게 하기 어렵겠지요? 그런데 누가 그런 일을 할 수 있는지 아세요? 바로 **비둘기**입니다. 이메일이 있는 요즈음은 상상하기 어렵지만, 예전에는 편지를 보낼 때 비둘기를 이용하기도 했습니다. 비둘기는 낮에는 태양의 위치로, 밤에는 별과 달의 위치로 자신이 날아갈 방향을 찾아냅니다. 그럼 구름 낀 날은 어떻게 하냐고요? 그때도 비둘기들은 자기가 가야 하는 길을 알아낼 수 있습니다. 아마도 지구의 자기장●을 이용하는 것 같은데, 어떻게 그것이 가능한지는 아직 수수께끼로 남아 있습니다.

● 자석의 주위, 전류의 주위, 지구의 표면 등과 같이 자기의 작용이 미치는 공간.

나는 자외선을 볼 수 있어요

꿀벌은 우리가 보지 못하는 무언가를 볼 수 있습니다. 바로 자외선•을 본답니다! 무지개는 보라색 옆에 자외선을 한 줄 더 가지고 있는데요, 여러분이 아무리 가까이서 보아도 우리 눈으로는 그것을 볼 수 없습니다. 그러니 벌은 우리보다 더 큰 무지개를 보는 셈이죠. 그리고 많은 꽃이 자외선을 반사하기 때문에 꿀벌들은 꽃을 더 선명하게 보기도 합니다. 꿀벌은 다른 벌들에게 어느 꽃을 향해서 날아가야 하는지를 신호로 알려 줄 수도 있답니다. 최고로 좋은 꿀을 얻기 위해서지요.

• 햇빛을 프리즘으로 분산시켜 보았을 때 가시광선의 보라색 빛보다 더 바깥쪽에 있는 보이지 않는 빛.

나는 열기를 볼 수 있어요

뱀은 낮에만 사냥하지는 않습니다. 한밤중에, 진짜로 캄캄할 때조차도, 이 친구들은 먹이를 찾는 법을 알고 있어요. 이렇게 밤에 사냥할 수 있는 것은 열기를 볼 수 있기 때문입니다. 뱀은 사냥할 동물의 체온이 그 동물을 둘러싼 공기의 온도와 차이가 나는 것을 알아채는 방법으로 그 동물을 보거나 느낍니다. 이 방법으로 어두울 때 뱀이 다가간다면, 대부분의 동물들은 자신에게 다가오는 뱀을 보지 못하지요. 이 같은 뱀의 사냥 방식은 뱀에게는 매우 쓸모 있지만, 공격을 당하는 동물들에게는 겁에 질려 벌벌 떨게 할 일이지요.

맹금•류의 새들은 믿을 수 없을 정도로 뛰어난 시력을 갖고 있습니다. **송골매**가 그중 챔피언이지요. 이 친구가 정면에 있는 커다란 눈으로 작은 생쥐를 찾아 땅을 죽 훑어본다면, 생쥐들은 찍소리도 내지 말고 조용히 있는 편이 나을 겁니다. 송골매는 몇 킬로미터 떨어진 곳에서도 생쥐를 볼 수 있거든요!

• 수릿과나 맷과의 새와 같이 성질이 사납고 육식을 하는 종을 통틀어 이르는 말.

나는 여러분이
들을 수 없는 소리를 들어요

나는 커다란 눈 더미 안에서
생쥐가 뒤적거리는 소리를 들어요

이 친구들은 얼마나 눈이 큰지 마치 여러분을 꿰뚫어 볼 수 있을 것만 같습니다. 게다가 이 친구들은 소리를 내지 않고 날아다닐 수도 있어서 아무도 이 친구들이 나는 소리를 듣지 못합니다. 이렇게 대단한 능력을 가진 **올빼미**이지만, 그중에서도 가장 놀라운 것은 이 친구들이 정말 좋은 귀를 가지고 있다는 점입니다. 엄청나게 좋은 귀를요.

올빼미의 귀는 여러분이 생각하는 것처럼 머리 위쪽, 솟아 나온 털 근처에 있지 않습니다. 얼굴 양옆에 좀 더 숨겨져서 있답니다. 올빼미의 얼굴을 잘 보면, 밥그릇처럼 둥근 모양이라는 것을 알 수 있는데요, 이 얼굴 모양 때문에 소리를 더 잘 잡아냅니다. 올빼미가 우리보다 소리를 훨씬 더 잘 듣는 것은 바로 이것 때문이지요. 손으로 컵처럼 귀를 덮어 보세요. 그러면 소리가 훨씬 더 분명하고 고르게 들릴 겁니다.

올빼미는 아주 작은 소리도 들을 수 있습니다. 흰올빼미는 그중에서도 최고지요. 커다란 눈더미 아래에 숨어 있는 생쥐는 자기가 안전하다고 생각하겠지만, 이 올빼미에게는 어림도 없습니다. 눈이 움직이는 소리를 줄여 주기는 하지만, 올빼미에게서 벗어날 수 있을 만큼은 아닙니다. 흰올빼미는 여전히 생쥐 소리를 들을 수 있습니다. 마술처럼 놀라운 귀가 있으니까요.

나는 다른 나라에서 나는 천둥소리를 들어요

코끼리는 그 누구도 듣지 못하는 소리를 들을 수 있습니다. 바로 아주 낮은 소리를 듣는데, 전화벨 같은 소리가 아니라 낮게 깔리는 소리, 코끼리가 구르는 것 같은 울림이나 으르렁대는 천둥소리 같은 소리이지요. 코끼리는 이 소리를 수백 킬로미터 떨어진 곳에서도 들을 수 있답니다. 가뭄이 들어 물이 없이 여러 날을 살아가야 할 때 이 능력은 아주 쓸모 있습니다. 어디선가 천둥 번개가 친다면, 그곳엔 비가 오고 있고 그러면 마실 물도 있다는 뜻일 테니까요.

나는 전파탐지기로 들어요

박쥐는 모든 마술사의 친구입니다. 그건 박쥐들이 마술 비슷한 능력을 가지고 있기 때문일 거예요. 이 친구들은 일종의 레이다•를 가지고 있거든요. 박쥐들은 날아다닐 때 고주파••의 소리를 냅니다. 이 소리는 나무 혹은 작은 모기들에 부딪히면서 메아리를 박쥐에게 되돌려 보냅니다. 박쥐는 몸에 있는 레이다로 그 소리를 듣고서, 나무가 얼마나 큰지 아니면 모기가 있는지, 있다면 얼마나 떨어져 있는지를 정확하게 알아냅니다. 바로 그 레이다 덕택에 박쥐는 모기도 잡을 수 있고, 나무에 부딪치지도 않는답니다.

• 전파를 이용하여 물체를 탐지하고 거리를 측정하는 장치. 전파탐지기라고도 해요.
•• 주파수가 높은 파동이나 전자기파.

나는 박쥐보다 훨씬 더 잘 들어요

박쥐가 여러분을 맛있는 간식거리라고 생각한다면 어떻게 하겠습니까? 박쥐는 레이다가 있으니 여러분을 아주 쉽게 찾아낼 겁니다. 그런 경우라면 여러분도 박쥐가 내는 고주파를 들을 수 있는 더 좋은 귀를 개발해야 제때 피할 수 있겠지요? **꿀벌부채명나방**이 바로 그렇게 할 수 있습니다. 이 나방은 아주 성능이 좋은 귀를 가지고 있는데요, 인간보다 150배 이상 들을 수 있습니다. 동물의 왕국에서 최강의 귀를 가진 동물이지요!

고래는 아주 먼 거리에서도 서로 이야기를 나눌 수 있습니다. 이 친구들은 아주 낮은 소리를 내는데, 그 소리는 수백 킬로미터를 가고 어떤 때는 수천 킬로미터까지 가기도 합니다. 고래는 이런 소리로 어디에 먹을 게 있는지 아니면 어디가 위험한지를 서로 알려 줍니다. 또, 노래를 불러서 자기가 사랑에 빠져 있다고 모두에게 자랑하기도 합니다. 고래의 노래 소리는 며칠 동안 계속되기도 한답니다.

나는 사람의 정신을 잃게 할 수 있어요

버섯은 보기에는 그렇게 마술을 부릴 것같이 보이지 않습니다. 하지만 조심하세요……. 버섯은 여러분한테 주문을 걸 수 있습니다. 여러분이 알아차리기도 전에, 다른 사람이 된 것처럼 느끼게 할 수 있거든요. 대부분의 버섯은 맛이 좋습니다. 하지만 모든 종류의 버섯을 다 먹어 볼 생각은 하지 마세요. 어떤 버섯은 독이 있답니다. 얼마나 독이 센지 동물들이나 때로는 사람도 독버섯을 먹고 죽기도 합니다. 이렇게 생명을 위협하는 버섯들은 주의 깊게 살펴봐야 합니다. 먹을 수 있는 버섯과 구분이 쉽지 않기 때문이에요.
어떤 버섯들은 환각•을 불러일으키기도 합니다. 마술 버섯들이 그렇지요. 이런 버섯을 먹으면 처음에는 아무렇지 않지만, 조금 지나면 뇌에 영향을 미치기 시작하고 곧 여러분이 알아차리기도 전에 이상한 꿈속에 있게 됩니다. 아마 그 꿈속에서는 무척 행복할 수도, 아주 슬플 수도 있습니다. 괴물이 나타나거나 거대한 거미줄을 만드는 커다란 거미를 볼 수도 있습니다. 그 모든 일이 작은 버섯 때문에 일어납니다. 버섯은 진짜 마술사이긴 합니다만, 여러분은 함부로 만지지 않는 것이 좋겠어요.

• 감각 기관을 자극하는 외부 자극이 없는데도 마치 어떤 사물이 있는 것처럼 지각함.

나는 사람을 마취시킬 수 있어요

아래 그림의 예쁜 **양귀비**를 좀 보세요. 양귀비를 풀밭에서 본 적이 있나요? 작은 꽃병에 꽂힌 것은요? 이 예쁜 꽃이 정말로 마술 같은 일을 할 수 있다는 사실은 아마 상상도 못 했을 거예요.

양귀비는 충분히 자란 뒤 꽃이 지면 튼튼하게 생긴 녹색 공 모양의 열매가 생깁니다. 그 안에는 씨앗들이 들어 있어요. 바로 양귀비 씨앗이죠. 그런데 이 양귀비 씨앗들은 여러분을 기절시킬 수도 있습니다. 양귀비 씨앗에는 아편●이 들어 있거든요. 아편은 의사들이 통증을 없애는 데 사용합니다. 아무리 엄청나게 아픈 통증이 있다 해도, 약간의 아편을 먹고 나면 아무것도 느낄 수 없게 되지요. 그 정도로 강력하답니다.

● 덜 익은 양귀비 열매에 상처를 내어 흘러나온 진을 굳혀 말린 고무 모양의 흑갈색 물질. 진통제 · 진경제 · 마취제 · 지사제 등으로 쓰이는데, 습관성이 강한 중독을 일으키므로 약용 이외의 사용을 법으로 금하고 있어요.

나는 예쁘지만, 독이 있어요!

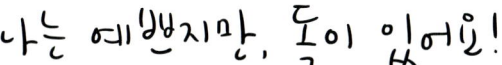

이 특별한 동물은 바다의 밑바닥에서 삽니다. 아주 예쁜 **민달팽이**이지요. 칠레나 알래스카 같은 몇몇 나라에서는 먹기도 합니다. 커다란 껌을 씹을 때와 같은 맛이 날 것 같아 보이지만, 이 껌은 씹지 않는 것이 좋겠습니다. 어떤 종류는 독성이 있거든요. 먹으면 죽을 정도는 아니지만, 그래도 옆 사진에서 보이는 종은 아주 독성이 강합니다. 색깔로 그 사실을 알 수 있어요. 만일 어떤 동물이 주변과 같은 색을 하고 있으면, 그땐 걱정할 필요가 없습니다. 하지만 색이 밝아지면 밝아질수록, 점점 더 위험해집니다. 어쩌면 색깔로 여러분한테 경고하고 있는지도 몰라요!

내 이빨에 물리면 살아남지 못해요

길이가 3미터에서 5미터나 되는 **킹코브라**는 세상에서 가장 큰 독사입니다. 이 친구는 딱 한 입만 물어도 여러분을 죽일 수 있습니다. 여러분뿐만이 아니지요. 거대한 코끼리도 이 독사의 이빨에서는 살아남지 못합니다. 이렇게 뱀의 독은 위험하지만, 쓸모가 있기도 합니다. 아주 작은 방울만큼의 뱀독으로 약을 만들어 매우 위중한 병의 치료제로 쓰이기도 합니다. 이 사실이 킹코브라를 위대한 마술사로 만들어 줍니다. 누군가를 죽일 수도 있고 동시에 치료할 수도 있는 그런 마술사로요.

여러분은 개구리가 웃기다고 생각하나요? 이 **독화살개구리**는 아니에요! 독화살개구리는 남아메리카의 정글에 사는데, 몸통은 아주 밝은색이고 독개미를 먹습니다. 이 개구리는 독개미의 독을 피부에 모아 둡니다. 그래서 만일 누군가 이 친구를 만졌다면, 손을 아주아주 잘 씻어야만 합니다! 이 세상에서 가장 독이 많은 동물 중 하나가 바로 독화살개구리거든요. 인디언들은 화살촉에 이 개구리의 독을 발라 전쟁 때나 사냥할 때 사용했답니다.

나는 모습이
완전히 바뀌어요

나도!

나도!

나는 날개가 생겨요

원래의 내 모습과 다른 누군가로 변할 수 있을까요? 다르게 보이거나, 훨씬 더 커지거나, 더 많은 색깔을 내기도 하고, 아니면 갑자기 날 수 있게 된다면요? 진짜 마술사만이 그렇게 할 수 있겠지요. 나비 **애벌레**는 그런 마술사입니다. 잎사귀나 풀잎 가장자리를 기어 다니는 모습을 보면 애벌레는 정말 평범해 보입니다. 하지만 애벌레는 마술을 할 수 있습니다. 때가 무르익으면, 이 친구는 나뭇가지나 잎사귀에 매달린 채로, 조용한 곳으로 물러납니다. 그런 다음 일이 벌어지는 거지요. 애벌레는 자신의 몸을 감싸서 번데기가 되고, 이 번데기 안에서 애벌레는 점점 아름다운 존재가 됩니다. 단단한 몸통과 긴 더듬이, 앞발……. 그리고 날개를 갖게 됩니다. 이렇게 애벌레에서 어른 벌레가 되는 변화를 '탈바꿈'이라고 부르지요. 그렇게 해서 애벌레는 나비가 됩니다. 나비 애벌레라면 누구든지 할 수 있어요. 정말 놀라운 일이지요?

• 곤충의 애벌레가 어른 벌레로 되는 과정 중에 한동안 아무것도 먹지 아니하고 고치 같은 것의 속에 가만히 들어 있는 몸. 겉보기에는 휴식 상태 같지만 애벌레의 기관과 조직이 어른 벌레의 구조로 바뀌는 중요한 시기예요.

나는 물에서 나와요

잠자리는 세상에서 가장 아름다운 동물 중 하나입니다. 잠자리들은 헬리콥터처럼 물 위를 날지요. 그런데 이 친구들은 태어난 뒤 물속에서 자랍니다. 작은 알에서 나오자마자 애벌레는 즉시 물로 뛰어들지요. 그곳에서 잠자리는 이미 잠자리의 형태는 갖추었지만, 아직은 물고기의 애벌레처럼 보이는 갈색의 생명체가 됩니다. 하지만 그 뒤 특별한 일이 일어나지요. 애벌레는 물속에서 껍질을 벗습니다. 한 번 더, 또 다시 한 번. 이렇게 열 번에서 열다섯 번 정도 계속합니다. 그렇게 껍질을 벗을 때마다 언제나 그 낡은 껍질에서 더 큰 애벌레가 나오지요. 그리고 마침내 잠자리 애벌레는 물 밖으로 기어 나옵니다. 이제 크고 강해진 잠자리 애벌레는 나뭇잎 위에서 마지막으로 변신할 준비를 합니다.

나는 마음대로 몸의 색과 모양을 바꿔요

인도네시아와 오스트레일리아에 사는 문어들은 몸의 모양과 색 둘 다를 바꿀 수 있어요. 바위 옆에서는 바위로, 산호 사이에서는 산호처럼 보이게 변합니다. 몇 초만에 열다섯 가지 다른 동물처럼 변할 수도 있답니다. 뱀으로, 넙치로, 아니면 걸어 다니는 산호로 모양과 색을 바꿉니다.

나는 모습이 완전히 바뀌어요

무당벌레도 모습이 완전히 바뀝니다. 이 친구들도 작은 애벌레로 벌레의 생을 시작하지요. 이 애벌레는 나뭇잎에 매달린 채로 오렌지색 나는 갈색의 번데기로 변합니다. 그러다 갑자기 번데기가 열리고 나면, 애벌레는 더 이상 애벌레가 아니지요. 작은 곤충이 됩니다! 처음에 이 곤충은 노란색의 껍질을 갖게 되는데, 그 색 그대로 있기도 하고 빨간색이나 다른 색으로 변하기도 합니다. 그러다 점까지 생기고 나면, 이제 진짜 무당벌레가 됩니다.

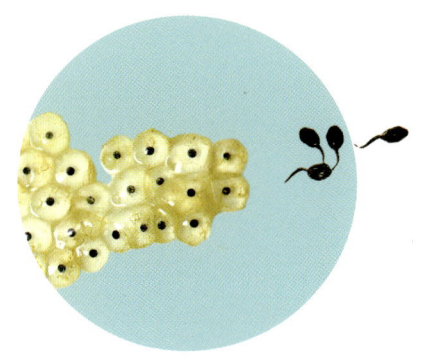  

개구리도 놀라운 변신을 겪습니다. 우선, 어미 개구리가 수백 개의 알을 낳습니다. 개구리 알이지요. 그 알에서부터 작은 올챙이가 나옵니다. 그 뒤 큰 변화가 시작됩니다. 올챙이는 조금씩 조금씩 바뀝니다. 작은 주둥이가 생기고, 눈이 좀 더 커지고, 꼬리도 좀 더 두꺼워지고, 앞발이 나오고 그다음 다른 발, 또 하나, 그리고 마지막 발까지 생깁니다. 시간이 좀 더 지나고 나서 물에서 기어 나오는 동물은, 전혀 다른 모습의 다 자란 개구리입니다. 이 개구리는 알을 낳게 되고 그러면 그 놀라운 마술이 또다시 반복해서 일어나지요.

우리도 마술을 해요

나는 마술을 부리는 의사예요

병이 들면 낫기 위해서 약이 필요합니다. **침팬지**도 그 사실을 알고 있습니다. 이 친구들은 복통이나 근육통이 있을 때, 자신이 어떤 약을 먹어야 하는지를 정확하게 안다고 합니다. 물론 침팬지는 약을 받으러 의사에게 갈 수는 없습니다. 하지만 걱정 마세요. 침팬지 자신이 의사랍니다! 정글에는 많은 종류의 식물이 자라는데 그중에 치료 물질이 들어 있는 식물이 있습니다. 라임 잎사귀는 모기를 쫓아 버리는 데 좋고, 아스필리아 잎은 복통을 낫게 해 주고, 숯은 장에서 독소를 빼 줍니다. 또 다른 유인원인 **오랑우탄**은 새끼가 있으면, 어미가 업고 다닙니다. 아주 무거운 데도 말이죠. 어미 오랑우탄은 근육의 통증을 해소하려면 베로니아의 잎을 먹어야 한다는 것을 압니다. 침팬지와 오랑우탄은 진정한 유인원 의사이지요.

나는 화약을 만들어요

폭탄먼지벌레는 마치 탱크 같습니다. 개미가 공격해 오면 이 친구는 몸 뒤쪽에서 뜨거운 가스를 발사해 개미를 폭격합니다. 이 가스가 자기 몸에서 폭발하는 것을 막기 위해서, 폭탄먼지벌레는 가스를 만드는 두 물질을 껍질 아래 서로 분리된 공간에 저장합니다. 폭탄먼지벌레가 가스를 쏘면 두 물질이 함께 나오고, 그때 폭발이 일어나며 소리와 악취가 납니다.

나는 거대해져요

복어는 누군가에게 위협을 받으면, 아주 인상적인 행동을 합니다. 물을 잔뜩 빨아들여서 자신의 몸을 커다란 가시 돋친 공처럼 부풀리는 거지요. 복어는 고무 같은 피부를 갖고 있어서, 아주 잘 늘어납니다. 이렇게 해서 적이 달아나 버리면, 복어는 자신의 척추를 끌어당겨 삼킨 물을 내뱉고 나서, 다시 날씬한 물고기가 되어 헤엄쳐 다닙니다. 이 친구는 자기가 위험에 처한 순간에만 신기한 마술을 부린답니다.

지혜는 힘보다 훌륭하다고, 사람들은 말합니다. 그렇다면 이 나비들은 똑똑한 것 이상이지요. 오른쪽에 보이는 나비는 날개의 뒷면에 두 개의 커다랗고 검은 부분을 갖고 있습니다. 멀리서 보면 이 검은 부분들은 올빼미의 눈처럼 보입니다. 거의 모든 동물은 크고 힘센 올빼미를 어느 정도 두려워하지요. 이 나비의 날개에 있는 검은 부분은 바로 그 점을 노린 것입니다. 비록 이 작은 생명체는 크지도 강하지도 않지만 지혜로 적을 물리칩니다. 여러분은 이미 이 놀라운 나비의 이름을 알아차렸나요? 바로 **올빼미나비**입니다.

이제 믿을 수 있나요?

자……. 이제 믿을 수 있나요? 진짜 마술사는 존재합니다! 그리고 이제는 그 마술사를 어디에서 찾을 수 있는지도 알게 되었지요. 바로 자연에 있습니다. 자연에 사는 이 생물들은 때로는 마술보다 더 놀랍기도 하지요! **해마**는 짝을 찾는 시기가 되면 무지개가 내는 온갖 색을 다 보여줍니다. 그렇게 하는 데에 마법의 주문을 외울 필요도 없답니다. 유니콘•도 존재합니다. 바다에는 1미터나 솟은 뿔을 가진 **일각고래**들이 있습니다. 과학자들은 이 뿔에 대해서 서로 다른 이론들로 설명합니다. 바닷물 속의 염도를 측정한다거나 여자친구에게 잘생겨 보이기 위한 것이라거나 등등으로요. 하지만 바다의 유니콘이 뿔을 어디에 사용하는지는 아무도 정확하게 알지 못합니다. 안타깝다고요? 오, 아니죠. 그것이 일각고래를 신비로운 마술을 쓰는 동물로 만들어 주는 겁니다. 이해하기 힘들다고요? 마술이니까요!

• 인도와 유럽의 전설상의 동물. 모양과 크기는 말과 같고 이마에 뿔이 하나 있다고 해요.

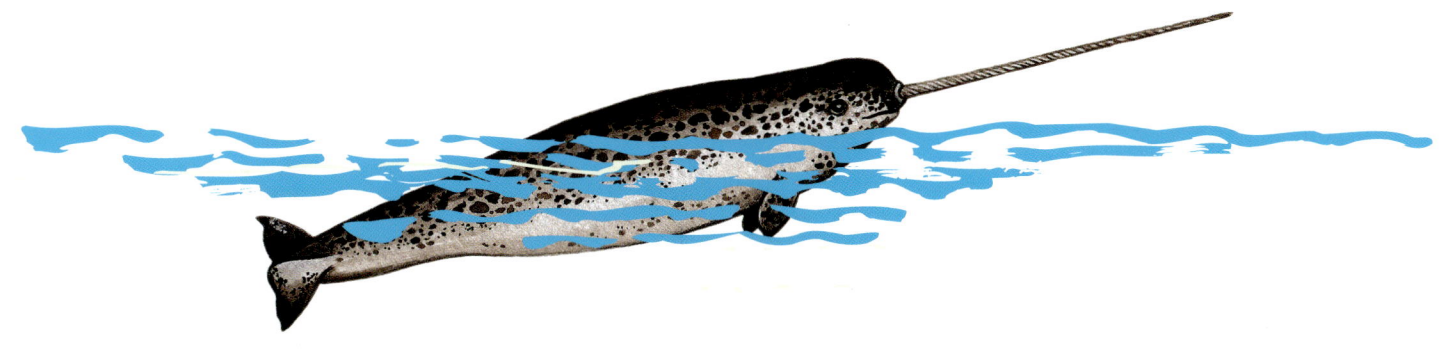

찾아보기

개구리 • 49, 55
거북이 • 31
고래 • 30, 43
꿀벌 • 16, 37
꿀벌부채명나방 • 43
나무 • 28, 43
나비 • 13, 18, 52, 57
날치 • 18
도마뱀붙이 • 19
독버섯 • 46
독화살개구리 • 49
말미잘 • 25
맹금 • 37
무당벌레 • 55

문어 • 13, 55
민달팽이 • 49
바실리스크도마뱀 • 19
박쥐 • 43
반딧불이 • 22
뱀 • 37, 49, 55
버섯 • 24, 46
번데기 • 52, 55
벌새 • 16
복어 • 57
북극고래 • 30
비단잉어 • 30
비둘기 • 36
빛을 내는 버섯 • 24

성게 • 31
송골매 • 37
애벌레 • 52, 54, 55
양귀비 • 48
오랑우탄 • 56
올빼미 • 40, 57
올빼미나비 • 57
올챙이 • 55
웰위치아 • 31
유리날개나비 • 13
유리문어 • 13
일각고래 • 59
자이언트거북이 • 31
작은보호탑해파리 • 31

잠자리 • 54
침팬지 • 56
카멜레온 • 10, 12~13
코끼리 • 42, 49
킹코브라 • 49
탈바꿈 • 52
폭탄먼지벌레 • 57
플랑크톤 • 25
해마 • 59
해파리 • 25
호랑이 • 19
홍합 • 31
흑표범 • 34
흰동가리 • 25

 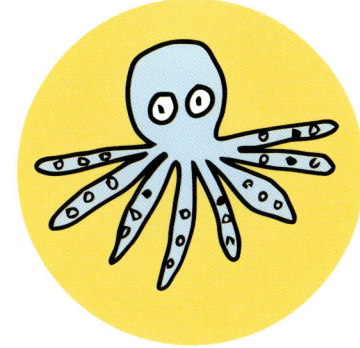